경제 인물 이야기 | 일자리 창출

기술로 경제를 일으킨 마쓰시타

구본준 지음 장선환 그림

KB260376

아빠하고 일찍 일어나서 재활용 쓰레기를 내다 놓기로 했답니다.

현재는 아침부디 입이 쑥 튀어나왔어요.
쿨쿨 더 자고 싶은데, 아빠가 일찍부터 깨웠거든요.
금요일 아침마다 현재는 아빠하고 일찍 일어나서
재활용 쓰레기를 내다 놓기로 했거든요.
오늘도 눈 비비고 일어나 나갔다 왔답니다.

종이

병

현재가 재활용 쓰레기를 내다 놓게 된 건
지난 주부터였습니다. 새로 나온 게임 시디
때문에 한 달 전부터 아빠를 졸랐지요.

그랬더니 아빠가 금요일 아침마다 아빠를 도와 재활용 쓰레기를
두 달 동안 내다 놓으면 시디를 사 주신대잖아요.

오늘이 두 번째니까 앞으로 여섯 번 아침에 일어나 재활용 쓰레기를
내다 놓아야 한답니다.

3

"아빠, 그냥 사 주시면 안 돼요?"

아침을 먹으면서 현재는 아빠한테 다시 졸랐어요.
"아빠, 그냥 사 주시면 안 돼요? 친구네 엄마, 아빠는
그냥 사 줬단 말이에요."
아빠는 빙그레 웃었습니다.

"현재야, 아침에 일어나기 싫지?

하지만 사람은 일을 해야 보답을 받는단다."

"다른 친구들은 일 안 해도 되는데 뭐."

"엄마 아빠가 현재한테 꼭 필요한 거는 잘 사 주지?
그런데 게임 시디는 꼭 필요한 건 아니잖아.

그러니까 현재가 용돈을 벌어서 사면 좋을 것 같아.
그래서 아빠가 심부름을 시키는 거야."

5

"옛날에는 여덟 살에 돈을 벌기 위해 일한 아이들도 많았어."

그러면서 아빠는 어떤 **부자 이야기**를 해 주었어요.

"현재야, 너 여덟 살이지? 옛날에는 여덟 살에 돈을 벌기
위해 일한 아이들도 많았어."

"에이, 1학년이 어떻게 돈을 벌어요?"

"정말이란다. 너 일본에서 가장 유명한 회사가 무엇인지 아니?"
　현재는 자신 있게 대답했어요. 엄마가 얼마 전에 가르쳐 주었거든요.
　집에 있는 오락기 플레이스테이션을 만드는 회사라고요.
"소니요. 게임 시디도 플레이스테이션 하려고 사는 거예요."
아빠는 무척 놀랐지요.

마쓰시타 TV로 사겠어요.

"야, 우리 현재가 별걸 다 아는구나.
현재야, 그런데 일본에는 소니보다
더 크고 소니보다 일본 사람들이
좋아하는 회사가 있단다."
"정말요?"

탁월한 선택이십니다

"그럼, 마쓰시타라는 회사야. 우리가 지금
쓰고 있는 전자제품을 거의 다 만드는 회사야.

텔레비전, 컴퓨터, 핸드폰까지 세계 여러 나라 사람들이

이 회사 물건을 쓰고 있어."

7

"마쓰시타는 아홉 살 때부터 일을 했단다."

우리나라 삼성이나 LG같은 회사네요?

"우리나라 삼성이나 엘지 같은 회사네요?"
"맞아. 마쓰시타란 회사를 만든 사람이 바로 '마쓰시타'란
사람이야. 마쓰시타는 어렸을 때 집이 얼마나 가난했는지 아홉 살
때부터 일을 했단다. 그러니까 거의 너만 할 때부터 일을 한 거지.
너처럼 금요일 아침에만 하는 게 아니라 매일 하루 종일 일을 한 거지."
"그럼 학교도 안 다녔어요?"
"그래, 그때는 집안이 넉넉한 어린이만 학교를 다닐 수 있었어.

마쓰시타는 학교에 다니지는 못했지만
학교에서 가르치는 것을 혼자 배우려고 노력했어.
그 덕분에 부자가 된 사람이야."

9

현재는 무척 궁금해졌어요.
도대체 어떻게 아홉 살짜리가
돈을 벌 수 있었을까요?
아빠는 이야기를
들려주었어요.

마쓰시타는 1894년 아카야마란 시골에서 태어났습니다.
마쓰시타네는 원래는 아주 잘살았는데, 아버지가 **사업**을
하다가 망하는 바람에 집안이 가난해지고 말았어요.
그래서 언제나 밥 걱정을 해야 했지요. 지금 일본은
잘사는 나라이지만 그때는 **못살았어요.**
마쓰시타는 가난했기 때문에 잘 먹지 못했고,
몸도 튼튼하지 못했습니다.

어렸을 때 하도 잘 울어서 별명도
울보였대요.

마쓰시타는 자전거 가게에서 일을 하면서 늘 공부를 했어요.

마쓰시타는 초등학교에 다니다가
아홉 살 때 학교를 그만 두고 '오사카'란
도시로 가서 가게 심부름꾼이 되었어요.
마쓰시타는 자전거 가게에서 일을 하면서 늘 공부를 했어요.
교과서만 보는 공부가 아니라 세상 모든 것을 눈여겨보면서
혼자 생각하는 공부였지요.

정말
성실한 친구라니까

일을 할 때도 억지로 하는 게 아니라 혼자서 궁리를 하면서
즐겁게 일하는 법을 찾아냈어요.

경제 알면 재미있어요 오사카 상인

일본의 서울은 어디일까요? 도쿄라는 도시예요. 그러면 일본에서 두 번째로 큰 도
시는? 바로 마쓰시타가 간 오사카예요. 오사카는 옛날부터 장사를 잘하는 사업가가
많이 나오기로 유명한 곳이에요. **일본에서 가장 유명한 상인들이 바로 '오사카 상
인' 들이랍니다.** 마쓰시타 고노스케가 바로 오사카 상인 가운데 가장 유명한 사람이
에요. 오사카 상인들이 만든 회사는 여러분이 좋아하는 '게임보이'를 만든 닌텐도
란 회사도 있고요, 일본에서 가장 유명한 맥주회사인 아사히란 회사도 있어요.

마쓰시타가 열여섯 살 때 오사카에 처음으로 전차가 생겼어요.

마쓰시타네 가게에 오는 손님들은 마쓰시타한테 자주 담배
심부름을 시켰습니다.
다른 직원들은 귀찮아서 투덜거리면서 담배를 사다 주었어요.
마쓰시타는 어떻게 하면 손님도 편하고 자기도 편할 수
있을지 생각해 보았지요.
좋은 생각이 떠올랐어요. 마쓰시타는 미리 담배를
많이 사다 놓았어요. 그리고 손님이 심부름을
시키면 바로 담배를 주었어요.
그랬더니 손님들은 마쓰시타를 칭찬하면서
심부름 값도 주곤 했답니다.

14

마쓰시타가 열여섯 살 때 오사카에
처음으로 전차가 생겼어요.
집보다도 큰 전차가 **전기**로 움직이는
걸 보고 마쓰시타는 너무 놀랐어요.
'**자전거**처럼 사람이
움직이지 않는데도 어떻게 전기로 전차가 움직일 수 있을까?'

마쓰시타는 전기에 대해 궁금해졌어요.
그래서 전기에 대해서 열심히 공부하기 시작했어요.

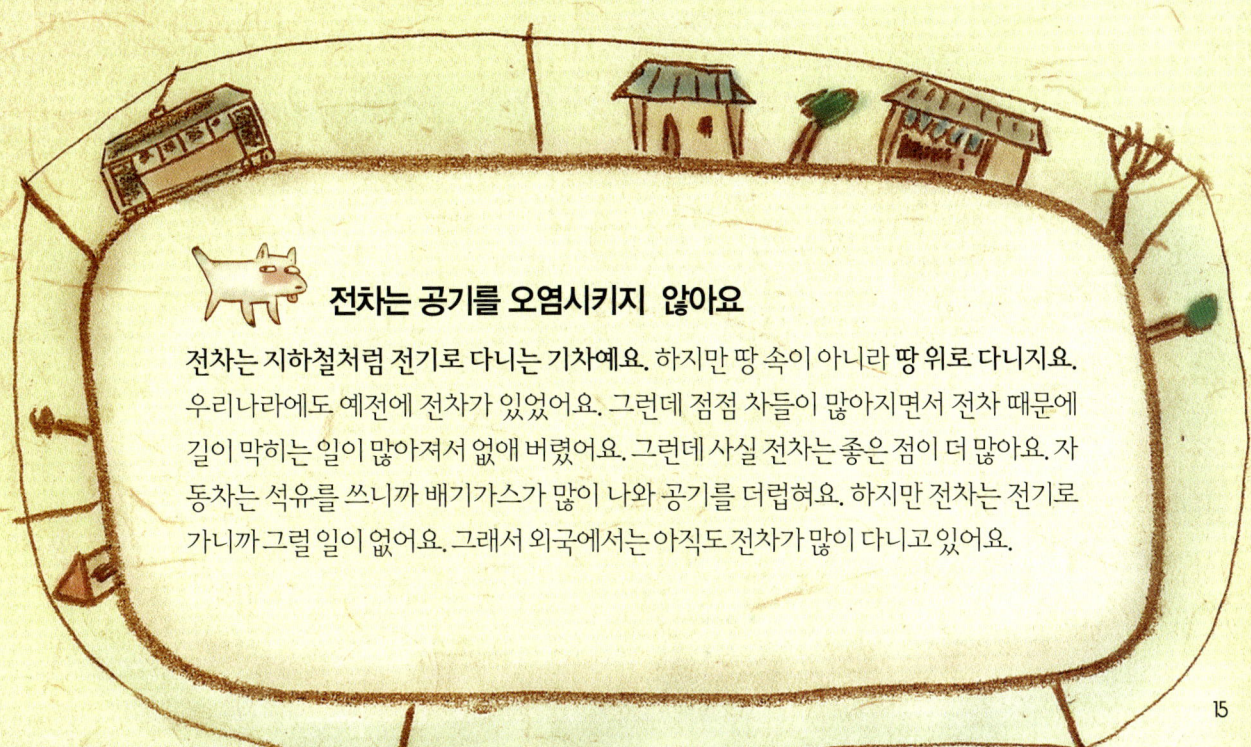

전차는 공기를 오염시키지 않아요

전차는 지하철처럼 전기로 다니는 기차예요. 하지만 땅 속이 아니라 **땅 위로** 다니지요.
우리나라에도 예전에 전차가 있었어요. 그런데 점점 차들이 많아지면서 전차 때문에
길이 막히는 일이 많아져서 없애 버렸어요. 그런데 사실 전차는 좋은 점이 더 많아요. 자
동차는 석유를 쓰니까 배기가스가 많이 나와 공기를 더럽혀요. 하지만 전차는 전기로
가니까 그럴 일이 없어요. 그래서 외국에서는 아직도 전차가 많이 다니고 있어요.

그래서 마쓰시타는 가게를 그만두고 전기 회사에 들어갔어요.

열일곱 살에 마쓰시타는 자전거
가게에서 나오기로 결심했어요.
앞으로는 전차가 다니니까 자전거를 타는
사람도 줄어들 것 같았거든요.
그리고 전기는 점점 더 쓸모가
많아질 것이라고
생각했어요.

마쓰시타는 **자전거 가게**에서 일을
잘해서 무척 인기가 있었어요. 하지만
앞날을 생각하면 전기에 대한 일을 해야 한다고
생각했어요. 그래서 마쓰시타는 가게를
그만두고 **전기 회사**에 들어갔어요.

**전기 회사에서도 마쓰시타는 열심히
일하고 공부했지요.**

전기가 어떻게 물건을 움직이게 하는지, 전기를
다루는 물건을 어떻게 만들면 사람들이 편리하게
쓸 수 있을지 혼자서
연구하고 또 연구했어요.

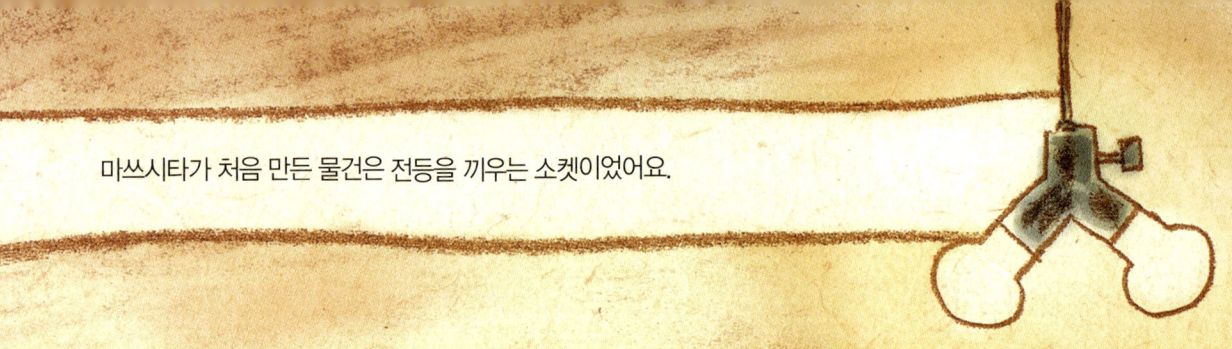

마쓰시타가 처음 만든 물건은 전등을 끼우는 소켓이었어요.

스물세 살 때, 마쓰시타는 드디어 혼자서 '마쓰시타 전기'라는 회사를 차렸어요.
마쓰시타가 처음 만든 물건은 전등을 끼우는 소켓이었어요. 소켓 하나에 전등을
두 개 꽂을 수 있는 '쌍소켓'이란 거예요.
그때 일본에서는 전기 요금을 천장에 붙어 있는 소켓 숫자대로 받았대요.

그런데 마쓰시타가 만든 쌍소켓은 전등을 두 개 꽂아도 소켓은
하나니까 전기 요금을 하나 값만 내면 되었어요.

그래서 쌍소켓은 날개 돋친 듯 팔렸고,
마쓰시타는 돈을 많이 벌 수 있었답니다.

바쁘다,
바뻐!

19

마쓰시타도 불황 때문에 물건이 팔리지 않아 고생을 했어요.

처음에 이렇게 돈을 벌었는데
얼마 뒤에 불황이 왔어요.

불황은 모두가 넉넉하지 못하게 되는 거예요.
회사들이 돈을 잘 못 벌게 돼서 직원들에게
월급도 적게 주게 되고,

가장인 아빠가 월급을 적게 받으니까 가족들도 사고 싶은 것을
못 사게 되고, 물건이 안 팔리니까 가게도 힘이 들게 되고,
그래서 가게에 물건을 파는 회사도 돈을 못 벌게 되는 거지요.

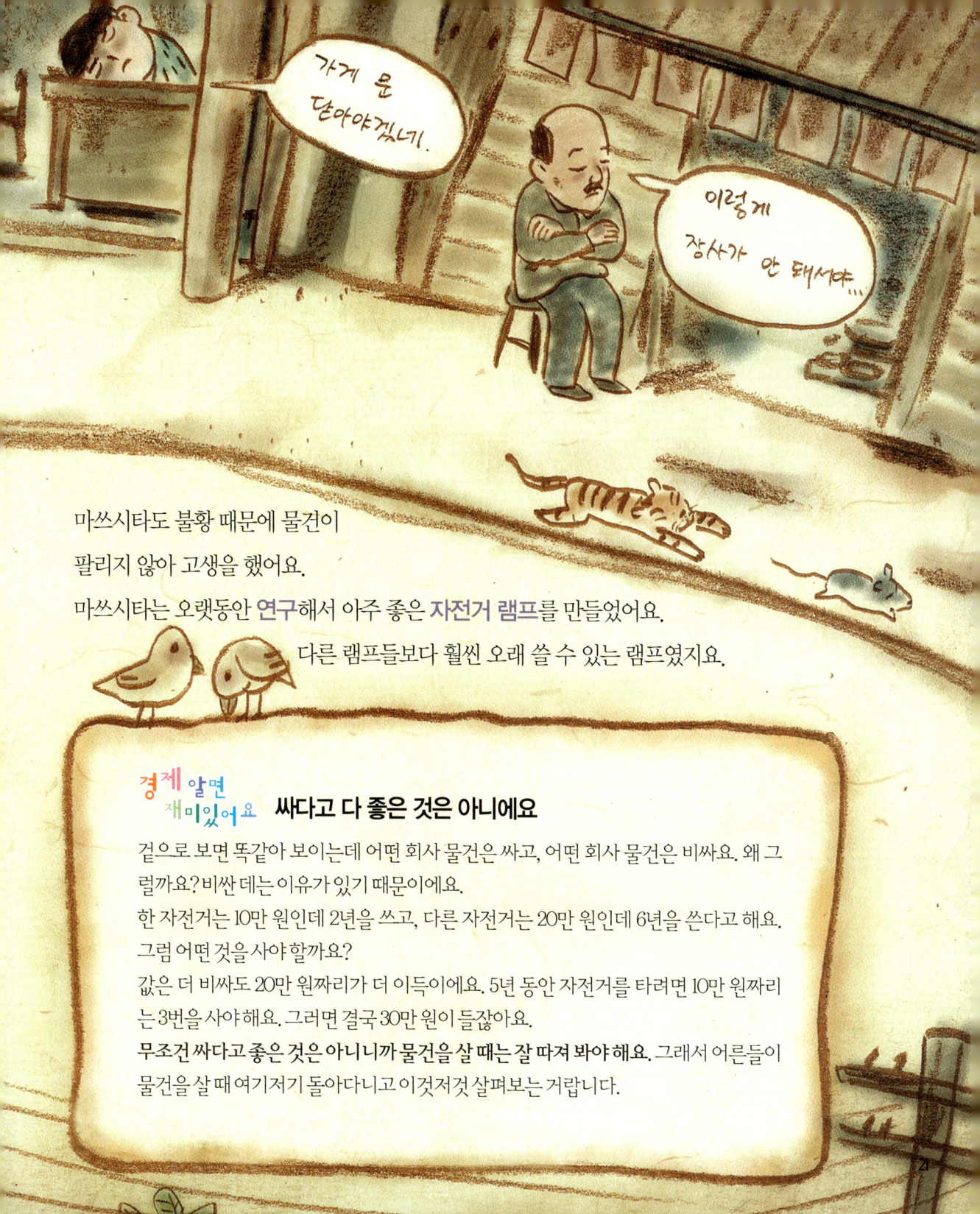

가게 문 닫아야겠네.

이렇게 장사가 안 돼서야...

마쓰시타도 불황 때문에 물건이
팔리지 않아 고생을 했어요.
마쓰시타는 오랫동안 **연구**해서 아주 좋은 **자전거 램프**를 만들었어요.
다른 램프들보다 훨씬 오래 쓸 수 있는 램프였지요.

경제 알면
재미있어요 **싸다고 다 좋은 것은 아니에요**

겉으로 보면 똑같아 보이는데 어떤 회사 물건은 싸고, 어떤 회사 물건은 비싸요. 왜 그
럴까요? 비싼 데는 이유가 있기 때문이에요.
한 자전거는 10만 원인데 2년을 쓰고, 다른 자전거는 20만 원인데 6년을 쓴다고 해요.
그럼 어떤 것을 사야 할까요?
값은 더 비싸도 20만 원짜리가 더 이득이에요. 5년 동안 자전거를 타려면 10만 원짜리
는 3번을 사야 해요. 그러면 결국 30만 원이 들잖아요.
무조건 싸다고 좋은 것은 아니니까 물건을 살 때는 잘 따져 봐야 해요. 그래서 어른들이
물건을 살 때 여기저기 돌아다니고 이것저것 살펴보는 거랍니다.

마쓰시타는 생각 끝에 가게에 램프를 그냥 주었어요.

하지만 가게들이 마쓰시타가 만든 램프를
사 가려 하지 않는 거예요.
가게들도 사정이 어려워 마쓰시타네 물건을 살 돈이 없었으니까요.
그래서 마쓰시타는 생각 끝에 가게에 램프를 그냥 주었어요.
그리고 램프를 써 보고 맘에 들면 팔라고 한 거예요.

마쓰시타가 램프를 그냥 준 것은 자기가 만든 램프가 좋다는
믿음이 있었기 때문이었어요. 하지만 만약 램프가 좋지
않으면 그냥 준 셈이니 큰 손해를 보았겠지요.
다행히 얼마 뒤 가게 주인들은 마쓰시타 램프가
좋다는 것을 알게 되었어요.

뭘 주는 거지?
먹는 건가?

물건을 나눠 주는 광고도 있어요

물건을 그냥 나눠 주면 손해겠죠? 물건을 만들려면 재료도 사야 하고, 사람들이 일해야 되니까 월급도 줘야 하고…… 물건 값에는 그렇게 들어간 돈들이 담겨 있어요. 그렇지만 회사들은 가끔 물건을 일부러 거저 나눠 주기도 해요. 그동안 없던 물건이 처음 나오면 사람들은 그런 물건이 있는 줄 모르기 때문에 잘 안 사요. 그러니까 새 물건을 알려야 하고, 그래서 물건을 써 보라고 나눠 주는 거예요. **자기네 물건이 좋다고 알리는 거니까 '광고' 인 거예요.** 텔레비전에서 하는 광고 말고 이렇게 물건을 나눠 주는 광고도 있어요.

그 다음에는 마쓰시타에게
물건을 사기 시작했어요.
이렇게 해서 마쓰시타는 다시
성공할 수 있었답니다.

...건을 그냥 주다니…
나야 고맙지.

여기
있습니다.
한번 써
보세요.

23

그런데 1929년에는 정말 모든 사람들이 못살게
되는 큰 불황이 닥쳤어요. 마쓰시타 회사에도
팔지 못하고 남은 물건이 엄청나게 쌓였어요.
마쓰시타는 회사 직원들을 모두 불러 모았습니다.
"이제부터 일을 절반만 하겠습니다. 물건도 절반만
만들기로 했습니다."
직원들은 모두 한숨을 내쉬었어요. 일이 줄어들면 월급도
줄어들 것이고, 직원들 가운데 많은 이들이 회사를 그만두게
될지도 모르니까요.

올 것이
왔군!

"그래도 월급은 그대로 모두 주겠습니다."

여러분, 우리는 한 가족입니다.

그런데 마쓰시타는 뜻밖에도 이렇게 말했습니다.
"그래도 월급은 그대로 모두 주겠습니다."
직원들은 너무 놀랐어요. 다른 회사들은 **직원들**을
정리하거나 **월급**을 반만 주었거든요.
그런데도 마쓰시타 사장은 직원들이 계속 일할 수 있게
한 거예요.

우리 계속 일할 수 있어!

사장님 만세!

어찌나 고마웠던지 직원 가족들도 나서서 **물건을 팔러 다녔어요.**

그 덕분에 두 달 만에 회사는 쌓여 있던 물건을 다 팔았어요.

직원들이 열심히 일한 덕분에 '마쓰시타 전기회사'는 점점 더 커졌습니다.

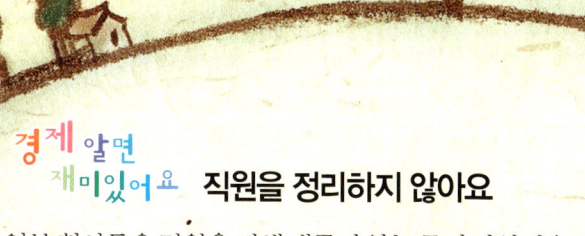

직원을 정리하지 않아요

일본 회사들은 직원을 평생 내쫓지 않는 곳이 많았어요. 미국 회사들은 회사가 돈을 많이 벌면 사람을 많이 뽑고, 회사가 돈을 적게 벌면 사람을 내보내는 일이 많고요. 두 가지 모두 좋은 점도 있고 나쁜 점도 있어요. **일본처럼 평생 다닐 수 있으면 직원들이 마음이 편해져서 일을 더 열심히 할 수 있어요.** 대신 일을 잘 못해도 회사를 다닐 수 있으니까 게으른 사람도 나올 수 있어요. 미국처럼 그때그때 사람을 내보내면 회사가 돈을 잘 못 벌 때 월급을 조금 줄 수 있어요. 하지만 회사가 어려워지면 사람들이 열심히 일해서 다시 회사가 좋아지게 하기보다는 다른 회사로 가 버리기 때문에 회사가 더 빨리 망할 수도 있어요.

27

마쓰시타는 일본에서 가장 돈을 많이 버는 사람이 되었어요.

그런데 마쓰시타에게 정말 큰 위기가 왔습니다.
1945년 욕심 많은 일본은 세계대전을 일으켰다가
전쟁에서 졌답니다. 그래서 일본에 들어온 미국은 전쟁 때
일본군이 쓰던 전쟁 물품을 만든 회사 사장들을 회사에서
쫓아냈어요. 마쓰시타도 일본군이 쓰던 레이더를 만들었기
때문에 회사에서 쫓겨났습니다.
하지만 직원들을 아끼고 사랑했던 마쓰시타를 위해
직원들이 앞장서서 마쓰시타를 다시 사장으로
돌려보내 달라고 항의를 했지요.

사장님께서 어서
돌아오셨으면 좋겠어.

그래서 마쓰시타는 2년 뒤에 다시 회사로 돌아올 수 있었어요.
그때까지만 해도 일본에서 돈 많은 사람들은 못된 짓도
해 가면서 돈을 버는 경우가 많았어요. 하지만 마쓰시타는
다른 부자들과 달랐어요.
마쓰시타는 혼자만 돈을 벌려고 하지 않고, 자기를 도와주는
사람들이 돈을 잘 벌 수 있도록 도와주었지요.
물건을 파는 대리점, 공장 지을 돈을 빌려 준 사람, 회사에
돈을 보탠 사람들이 모두 돈을 잘 벌 수 있도록 해 준 것이지요.
마쓰시타 덕분에 돈을 벌게 된 사람들은 고마워서 열심히
도와주었고, 마쓰시타는 일본에서 가장 돈을 많이 버는
사람이 되었어요.

이제 다시 시작합시다!

훗날 어떤 이가 마쓰시타에게 물었어요.
"어떻게 해서 그렇게 부자가 될 수 있었습니까?"
마쓰시타는 이렇게 대답했대요.
"가난한 집에서 태어났고, 몸도 약했고, 공부를 못한 덕분이었습니다."
아니, 이게 도대체 무슨 말일까요?
"가난했기 때문에 돈을 벌려고 부지런히 일하게 되었어요.
몸이 약하니까 운동을 부지런히 했고 그래서 더 오래 살 수 있게 됐지요.
그리고 초등학교도 나오지 못했으니까 다른 사람들에게 배우고
본받으려고 노력해서 가르침을 받을 수 있었습니다."

다른 사람들도 배려할 수 있는 부자가 되세요!

현재는 마쓰시타에 대한 이야기를 아빠에게 다 듣고 난 뒤 **재활용 분류**를 하는 것에 대해 당연하게 받아들이게 되었답니다.

"현재야, 마쓰시타는 세상을 떠났지만 지금도 일본의 사업가들은 그의 기업가 정신을 배우려고 하고 있단다."

"아빠, 저도 열심히 일하고 노력하면 성공할 수 있겠네요."
"그럼, 마쓰시타는 학교에도 못 다녔는데 아주 큰 기업가가 되었잖아."
마쓰시타 이야기를 들은 현재는 공부도 열심히 하고 쓰레기 재활용부터 매주 해야겠다고 생각했답니다.

쓰시타사

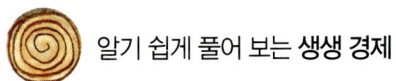

마쓰시타에게 배워요

마쓰시타는 자기가 못난 점이 무언지 알면 그걸 고치려고 열심히 노력했어요.

학교를 못 다녔으니까 열심히 공부를 했어요. 그리고 남들이 무얼 불편해하는지 생각해서 그걸 고치려고 했답니다.

돈을 많이 모아서 펑펑 쓰고 싶어서 장사를 한 것이 아니라, 사람들에게 도움을 주려고 했던 거예요.

자기보다 남을 더 생각하면 남들이 도움 받은 만큼 도와주기 마련이에요.

장사는 돈을 벌려고 하는 게 분명하지만, 돈만을 위해서 장사를 해서는 안 돼요.

마쓰시타는 장사로 돈만 버는 게 아니라 여러 사람에게 일자리를 마련해 주도록 도움을 줄 수 있다는 것을 가르쳐 준 사람이랍니다.